MELANIE TINTERA

FRAUEN REDEN ANDERS – MÄNNER AUCH!

7 GOLDENE REGELN DER ERFOLGREICHEN MANN-FRAU-KOMMUNIKATION

AF219106

Bibliografische Information der Deutschen Nationalbibliothek:
Die Deutsche Nationalbibliothek verzeichnet diese Publikation in der Deutschen
Nationalbibliografie; detaillierte bibliografische Daten sind im Internet über www.dnb.de
abrufbar.

© 2021 Melanie Tintera
Gestaltung: Silke Ruthenberg, München
Illustrationen: André Kurzawe, Berlin

Herstellung und Verlag:
BoD – Books on Demand, Norderstedt

ISBN 978-3-7543-0042-8

Inhalt

Könnte, sollte und vielleicht   **7**
– bin ich nur der Konjunktiv-Typ
oder habe ich etwas Wichtiges zu sagen?

Gebückt, gedrückt und unterschätzt   **19**
– muss ich mich wirklich beugen oder habe ich Lust
auf den aufrechten Gang?

Nebensätze sind Nebelsätze   **31**
– taste ich mich mal wieder nur langsam
heran oder komme ich direkt auf den Punkt?

Das Schweigen der Männer   **43**
– eine Form der Nichtanerkennung
oder nur banale Wortkargheit?

Frauen reden gerne über Gefühle   **55**
– doch Vorsicht, Männer sind da anders.

Zwicken, zerren, seitwärts gehen — 65
– bin ich noch im Krabbenkorb
oder wage ich den Schritt nach Draußen?

Lachen, scherzen, Witze reissen — 85
– die Funktion des Humors in den Sprachwelten
der Männer und Frauen

Epilog — 97

Literaturtipps — 103

1.

Könnte, sollte und vielleicht

– BIN ICH NUR DER KONJUNKTIV-TYP
ODER HABE ICH ETWAS WICHTIGES ZU SAGEN?

SEHR DEUTLICH UNTERSCHEIDEN sich die Sprachwelten von Mann und Frau in der Art und Weise, wie Fakten, Argumente und Meinungen vorgetragen werden. Wenn beispielsweise in einem Meeting die Markttauglichkeit eines Produktes diskutiert wird und wie man ein Produkt attraktiver machen kann, machen Frauen oftmals nur vorsichtige Vorschläge. Etwa in der Art: "Ich denke, wir sollten uns die Frage stellen, ob man dem Produkt durch ein neues Design vom Image her etwas mehr Modernität geben könnte, so dass es eventuell für jüngere Zielgruppen ein bisschen attraktiver wäre." Ein Mann würde dasselbe in seiner Sprachwelt etwa so formulieren: „Lasst uns das Ding cool verpacken und den Markt der 14-25-Jährigen aufrollen!"

Wir sehen sofort den Unterschied. Die Frau tastet sich sensibel heran. Versucht autoritäre Formulierungen zu vermeiden und spricht in Frageform. Das ist zwar gut gemeint, da sie aber obendrein noch mehrfach den Konjunktiv verwendet, schwächt sie ihren eigenen Beitrag ab, wirkt unklar bis hin zur Ausstrahlung von Unsicherheit. Dies kann dazu führen, dass die Männer ihre Idee für eine allgemeine, eher unspezifische Stimmungsäußerung halten und nicht weiter beachten.

Der Mann hingegen kommt sofort zum Punkt. Er fragt nicht und verwendet kein hätte, könnte, sollte, sondern gibt einfach mal vor, was zu tun ist. Dadurch wirkt er sicher, kompetent und verständlich. Zwar nimmt er den Kolleginnen und Kollegen zunächst Spielräume und gibt den Kurs vor, doch wird dies im Männersprachspiel nicht als dogmatisch empfunden, sondern als konkrete Aussage, der man jederzeit eine andere entgegenstellen kann.

Gerade das Konkrete wird als handfeste Basis empfunden, um andere Lösungen draufzusetzen.

ZWEI KOMMUNIKATIONSWELTEN

Wir haben es also mit zwei verschiedenen Kommunikationswelten zu tun. Die weibliche Sprachwelt wird in der Sprachforschung auch als „symmetrisch" (gleich–, ebenmäßig) bezeichnet und ist auf Harmonie ausgelegt. Während die männliche Sprachwelt als asymmetrisch (ungleichmäßig, unebenmäßig) bezeichnet wird und stärker auf Wettbewerb und Siegen setzt.

Ganz deutlich werden diese verschiedenen Kommunikationswelten in der E-Mail-Sprache. Frauen sind u.a. evolutionär davon geprägt, entsprechend ausgleichend und freundlich zu sein. Sie stellen – in patriarchalen Gesellschaften – seit jeher in der Familie, im Clan und in der „Horde" das Zusammenleben sicher und sind auf sorgfältige Verständigung geprägt. Frauen wollen dazugehören, gemocht werden und senden deshalb entsprechende Signale. Diese Signale sind von der Grundstruktur her so beschaffen, dass sie keinesfalls zum Ausschluss oder einer Dissonanz in der Gruppe führen. Denn dies war in früheren Zeiten lebensgefährlich für sie selbst und auch für ihre Kinder.

Entsprechend versuchen sie auch in der schriftlichen Kommunikation eine solche Grundstimmung der Verständigung und Harmonie herzustellen.

BEISPIEL:

Es geht um eine Terminanfrage per E-Mail.

Welche der beiden Anfragen kommt von einer Frau und welche von einem Mann?

• Sehr geehrter Herr Maier, wir sind am Montag in Frankfurt. Passt Termin 14:00 Uhr / Office? Gruß

• Sehr geehrter Herr Maier. Hiermit wende ich mich mit einer Terminanfrage an Sie.

Am kommenden Montag sind mein Kollege Herr Schmidt und ich in Frankfurt. Sehr gerne würden wir Sie in Ihrem Büro in der Hauptniederlassung besuchen; beispielsweise um 14:00 Uhr. Es wäre schön, wenn dies bei Ihnen passen würde.

Ich freue mich bereits auf Ihre Antwort und stehe für Rückfragen gerne zur Verfügung.

Vielen Dank vorab und mit herzlichen Grüßen

Wir erkennen auf den ersten Blick, dass die zweite E-Mail wesentlich ausführlicher ist, mehr indirekte Formulierungen und mehr Gefühlsäußerungen enthält; Worte wie „sehr gerne", „sich freuen", „wäre schön", tauchen in der Männer-E-Mail nicht auf.

Tatsächlich haben die Männersprachspiele auch einen großen Nachteil. Da sie gerne ungefiltert und offensiv vorgetragen werden, können sie unfreundlich, forsch und einschränkend wirken. Weitere Optionen kommen nicht zum Tragen. Kreative Potentiale werden nicht gefördert und laufen Gefahr unter den Tisch zu fallen.

Zudem besteht bei Männern die Gefahr, dass Terminvereinbarungen scheitern, wenn diese ohne Zutun von Frauen getroffen werden, da nur ungenau hingeschaut wurde und es schon „passt". Assistentinnen können ein Lied davon singen.

Dennoch: Bei E-Mails, Meetings, insbesondere bei Brainstormings und Entscheidungsfindungen sollten wir Frauen uns davor hüten, zu sehr in der Harmoniesprache zu verbleiben.

„WIR-SPRACHE"

Vielen Frauen fällt das Wort „Ich" schwer und sie verwenden dann das „Wir". Also solche Ausdrücke wie, „wir hatten zusammen die Idee, dass..." Dies ist zwar angenehm verbindlich, jedoch geeignet, dass unser spezifisches Anliegen weder als unser eigenes gesehen wird noch durch das Gegenüber bemerkt wird, was unser persönlicher Anteil an der Idee war. Wir können dann bis zum

Sankt Nimmerleinstag darauf warten, dass dies geschieht. Vielmehr nehmen wir Harmonie zum Preis eigener Nachteile in Kauf und sollten uns fragen, ob das in jeder Situation angebracht ist.

BEISPIEL:

Ich hatte eine Seminarteilnehmerin im Rhetorikkurs, die Tipps für ein Beförderungsgespräch mit ihrem Arbeitgeber wünschte. Sie hatte in der Vergangenheit bereits ein Gespräch mit Ihrem Chef geführt, das nicht zu ihrer Zufriedenheit ausging. Als ich sie darauf ansprach, wie sie ihr Anliegen seinerzeit vorgebracht hatte, stellte sich heraus, dass sie sowohl für ihre eigene Beförderung argumentierte als auch gleichzeitig die Leistung einer Kollegin hervorhob und vorschlug, diese ebenfalls zu befördern. Das heißt, sie fragte für sich und auch gleich für eine andere Person mit, die gar nicht anwesend war. Ihr war überhaupt nicht klar, dass ihr eigenes Anliegen damit im Grunde obsolet wirkte.

Es ist kaum anzunehmen, dass der männliche Kollege, der befördert werden will, dies auf die gleiche Art kommuniziert.

Sprechen in Ich-Form und vehementes Dranbleiben kommt vielen Frauen wichtigtuerisch

15

vor, doch das gehört zur männlichen Sprach-welt. Gerade, wenn Sie sich in der asymmetri-schen Sprachwelt aufhalten, ist es wichtig, dass Sie ebenfalls die passende Spielkarte aus dem Ärmel ziehen können und bei sich und Ihrem Anliegen bleiben. Zuviel „Wir" ist eine Falle für unsere eigenen Ziele. Die Beförderung der Kol-legin können Sie immer noch ins Spiel bringen, wenn Sie erstmal weitergekommen sind.

Sollte auch der eine oder andere Mann dieses Buch lesen: Achten Sie darauf, ob auffallend zu-rückhaltende GesprächsteilnehmerInnen nicht tatsächlich Qualifiziertes zu sagen haben, was seinen Raum verdient.

ERNST GENOMMEN WERDEN

Generell bleibt noch ein wichtiger Aspekt fest-zuhalten: Es ist nach wie vor so, dass Frauen sich im männerdominierten Umfeld oftmals mehr bemühen müssen, um wirklich ernst genommen zu werden. Erschwerend kommt hinzu, dass – gerade erfolgreiche – Frauen allein schon da-durch anders wahrgenommen werden, dass sie Frauen sind. Dies ebenso durch andere Frauen.

Sie gelten schneller als unfreundlich und egoistisch, wenn sie durchsetzungsfähige Verhaltensweisen zeigen. Es wird auch viel mehr darüber spekuliert, ob eine Unternehmerin „Haare auf den Zähnen" hat, als wir dies dem smarten Firmenchef zuordnen würden.

Um mit solchen Hürden besser umzugehen, ist es wichtig, inhaltlich klare Ziele zu haben und einen roten Faden in der Gesprächsführung zu verfolgen. Bereiten Sie Gespräche vor. Schreiben Sie sich Stichworte und Merksätze auf und strukturieren Sie Ihr Anliegen. Wenn Sie sich auf der Sachebene sicher fühlen, fällt es Ihnen leichter, souverän zu bleiben und punktgenau zu sprechen.

GOLDENE REGEL NR. 1:

Wenn Du etwas zu sagen hast, dann sorge dafür, dass Dir die anderen zuhören:

Sprich konkret in Aussagesätzen und vermeide Konjunktive. Lass die Aussage wirken ohne erklärende Rechtfertigungen.

2.

Gebückt, gedrückt und unterschätzt

– MUSS ICH MICH WIRKLICH BEUGEN ODER HABE ICH LUST AUF DEN AUFRECHTEN GANG?

DIE VERSCHIEDENEN KOMMUNIKATIONSWELTEN von Männern und Frauen schlagen sich nicht nur in Sätzen und Worten nieder, sondern auch in der Körpersprache.

Schon bei Betreten eines Raumes ist die Körpersprache der Männer von territorialer Inanspruchnahme und Reviermarkierung geprägt. Frauen hingegen kündigen sich körperlich erheblich zurückhaltender an.

Der Chef klopft nur einmal kurz an, wenn überhaupt. Er betritt das Meeting als selbsternannter Platzhirsch, durchdringt den Raum mit einem kraftvollen „Guten Morgen!" und zieht schon allein dadurch die gesamte Beachtung auf sich. Damit erzeugt er bereits in den ersten Sekunden einen Hochstatus.

Auch männliche Mitarbeiter grüßen in der Regel laut und deutlich. Frauen hingegen praktizieren oft ein leises Anklopfen, betreten den Raum ruhig mit einem Lächeln und setzen sich unauffällig an ihren Platz. Sie wollen nicht stören. Ohne es zu beabsichtigen, setzen sie mit ihrer Zurückhaltung bereits erste Signale für den Niedrigstatus. Dies verstärkt sich, wenn sie dann zusätzlich eine gebeugte oder gedrückte Haltung einnehmen und mit gesenktem Blick sowie Händen auf dem Schoß am Tisch sitzen. Niedrigstatus kann sich körpersprachlich auch in schnellen und hektischen Bewegungen äußern. Wer souverän ist, bleibt ruhig – gerade auch in stressigen Situationen. Wenn Sie also wichtige Unterlagen vergessen haben, springen Sie keineswegs wie ein aufgescheuchtes Huhn auf, sondern gehen entspannt und aufrecht zur Tür. Machen Sie aus dem Weggehen und Wiederbetreten des Raumes keinen übertriebenen Auftritt, aber verstecken Sie sich auch nicht. Lassen Sie sich Zeit, bewegen Sie sich elegant und legen Sie Ihre Unterlagen souverän vor sich hin.

TERRITORIUM BEANSPRUCHEN

Beanspruchen Sie Ihr Territorium körpersprachlich und räumlich. SIE sind die Königin in Ihrem Territorium. Ebenfalls zur Körpersprache zählt die Lautstärke. Sie sollten natürlich nicht prinzipiell mit lauter Stimme sprechen. Aber wenn ein Kollege Sie häufig überspricht, können Sie durchaus mit erhobener Stimme einfach weiterreden und den dazwischenschwätzenden Kollegen übertönen. Solange, bis diesem deutlich wird, dass er Ihr Territorium betreten hat und sich wieder zurückziehen muss. Auch können Sie den Kollegen Ihrerseits, wenn es Ihnen wichtig erscheint, unterbrechen und Ihre Themen formulieren. Keine Sorge, es wird Ihnen nicht verübelt. Männer unterbrechen sich ständig. Sie sind es gewohnt, anderen das Wort abzuschneiden und auch selbst unterbrochen zu werden. Es gehört sozusagen fast standardmäßig zur Kommunikationswelt der Männer dazu. Wir Frauen sind diesbezüglich erheblich sensibler und empfinden diese Art der Kommunikation als anstrengend und unhöflich. Dennoch – nicht jede Unterbrechung ist eine Majestätsbeleidigung. Auch wir Frauen sollten zumindest in der Lage sein, das Spiel des Unterbrechens bei Bedarf mitspielen zu können.

ENTSCHULDIGUNG

Insgesamt ist es sehr wichtig zu wissen, dass Frauen nicht nur zu weniger dominanter Körperhaltung neigen, sondern sich auch häufiger als Männer (vorauseilend) entschuldigen. Schuldgefühle sind übrigens typisch für Perfektionisten, sie haben oft das Gefühl, Regeln oder Pflichten nicht eingehalten zu haben. Hier könnte man sich darum streiten, welche Faktoren dies hauptsächlich erzeugen. Die gängige Erziehung zum „guten, braven Mädchen" hat da ihre nachhaltigen Spuren hinterlassen. Zudem stammen die vorgenannten unbewussten Prozesse aus der Evolution, zu denen das permanente Austarieren des eigenen Verhaltens in Bezug auf Sicherung der Überlebensfähigkeit der Nachkommen zählt. „Habe ich alles für die anderen getan?" Das Thema ist ein weites Feld. Sogar Marketingstrategien bauen darauf auf, dass wir unser Bestes tun, damit es allen gutgeht, indem wir nur die besten Markenwindeln kaufen, die beste und teuerste Babynahrung, das beste Waschmittel etc.

Immer wieder kommt es – gerade in größeren Gesprächsrunden – vor, dass Frauen sich mit Wortbeiträgen ankündigen, indem sie erstmal sagen, „Entschuldigung, ich will nicht stören, aber..." Und nach ihren Beiträgen sagen: „Ich wollte das nur mal kurz erwähnt haben...". „Nur mal" – bei aller Freundlichkeit: Bitte schauen Sie darauf, ob Sie wirklich so weit gehen müssen, dass Sie sich vorauseilend klein machen und im Grunde selbst kritisieren. Ich hatte mehrere Frauen in meinen Seminaren, die gesagt haben, dass solches Verhalten dazu geführt habe, dass andere - meist Männer - ihre Ideen aufgriffen und als die eigenen verkauften.

KLAPPERN GEHÖRT ZUM HANDWERK

Sollte dies passieren, ein kleiner Trick: Lassen Sie es nicht einfach geschehen. Alle dürfen wissen, dass Ihre Idee Ihre Idee ist. Sie können z.B. - ohne Ironie – sagen: „Es freut mich, dass Sie sich meinem Vorschlag anschließen..." Das ist galant und Sie bleiben freundlich. Wenn nämlich solche Dinge passieren, ist es nicht unweigerlich so, dass Männer dies böswillig oder absichtlich tun. Tatsächlich macht derjenige in ihrer Sprachwelt das Rennen, der die Fakten auf den Tisch legt.

Bitte noch eines bedenken: Nichts ist nerviger als eine schrille Stimme. Diese kommt daher, dass wir vor lauter Aufregung sozusagen aus dem Halse heraus krähen, da die Atmung ganz oben „hängt". Betrachten Sie Ihren Leib als Resonanzkörper und holen die Stimmsouveränität aus der Fülle des Raumes. Dazu gehören auch Bauch, Zwerchfell und Hüften...Gönnen Sie Ihrer Stimme Kraft. Um diese zu erzeugen, ist räumliches Denken hilfreich, zum Beispiel die Vorstellung, dass Ihre Worte und Ihr Blick mindestens bis zur gegenüber liegenden Wand reichen oder, dass Ihre Worte wie Sonnenschein aus den Hüften herausstrahlen. Sie können Ihre eigenen inneren Bilder wählen. Wichtig ist, dass die Stimme in diesen Bildern richtig viel Platz hat. Sie ist nämlich Teil Ihrer Visitenkarte. Tiefe Stimmen stehen für Macht und Selbstsicherheit, während die hohe, krähige Stimme als unsicher und hektisch wahrgenommen wird. Männer haben diesbezüglich quasi „von selbst" schon einen Vorteil, da ihre Stimmen tiefer sind.

GESTEN UND HANDLUNGEN

Es wird oft unterschätzt, dass Hoch- und Niedrigstatus nicht nur in Körperhaltung, Sprache und Stimme zum Ausdruck kommt, sondern ebenfalls in Gesten und Handlungen.

Dazu gehört zum Beispiel das ambivalente Thema des Kuchenbackens und gemeinsamen Naschens im Büro. Es ist zu bestimmten Anlässen üblich, Kuchen oder Gebäck von Zuhause mitzubringen und die Kolleginnen und Kollegen damit zu erfreuen. Dagegen ist erstmal nichts zu sagen. Es ist harmonisch, gruppenbildend und schafft gute Stimmung. Vor allem dann, wenn dies von allen Kolleginnen und Kollegen so praktiziert wird. Doch Vorsicht: Hier lauert eine Falle.

BEISPIEL:

Als ich persönlich in einer Bank als Executive Assistentin arbeitete, hatte tatsächlich mein Kuchenbacken zur Folge, dass mir ein Niedrigstatus zugeordnet wurde. Vor allem deshalb, weil ich die Einzige war, die dies tat. In diesem Umfeld erzeugte es das Image einer häuslichen, servilen und naiven Mitarbeiterin.

So etwas kann indirekt dazu beitragen, dass Sie nicht als potenzielle Führungspersönlichkeit gesehen und Beförderungswünsche abschlägig beantwortet werden. Bewerbungsberater empfehlen daher, in bestimmten Situationen und auf dem Weg zu Führungspositionen solche Signale wie „Kuchenbacken" sehr sensibel und wohldosiert einzusetzen und unter Umständen sogar ganz einzustellen. (Dies hatte ich auch sofort umgesetzt, nachdem ich den nützlichen Ratschlag erhalten habe.)

Insgesamt muss uns klar sein, dass wir durch unsere alltägliche Körpersprache und sich wiederholende Signale generell einen Hoch- oder Niedrigstatus vermitteln.

GOLDENE REGEL NR. 2:

Achte auf Deine Körpersprache – halte Dich aufrecht und gönne Dir Raum. Verteidige Deinen Redeanteil und unterbrich auch mal die Unterbrecher.

3.

Nebensätze sind Nebelsätze

– TASTE ICH MICH MAL WIEDER NUR LANGSAM
HERAN ODER KOMME ICH DIREKT
AUF DEN PUNKT?

IN EMPIRISCHEN STUDIEN wurde festgestellt, dass Frauen in vielen Kulturen ein gemeinsames Merkmal haben: Sie verwenden erheblich mehr Nebensätze als Männer. Dies tun sie aus drei Gründen.

MULTITASKING

Erstens: Sie verknüpfen alles Mögliche miteinander, auch wenn es sich um scheinbar entfernte Sachverhalte handelt. Wenn Frauen beispielsweise Einkaufen gehen, suchen sie nicht nur wie Männer nach einem bestimmten Gegenstand, etwa einem Hemd, kaufen dieses und gehen wieder nach Hause. Frauen informieren sich beim Einkauf des gewünschten Gegenstandes, zum Beispiel einer Bluse, über das gesamte Angebot an Kleidungsstücken, auch wenn sie diese momentan gar nicht benötigen. Zudem verbinden sie den Einkauf des Kleidungsstückes organisatorisch mit der Erledigung weiterer Einkäufe – auch für andere –, Arztbesuche und Behördengänge... Insofern geht es Frauen häufig nicht

– wie oft von Männern angenommen – darum, einfach gerne „shoppen" zu gehen, sondern es geht weit darüber hinaus. Studien aus dem Gender-Marketing haben ergeben, dass Frauen gewohnt sind, die vielfältigen Anforderungen des Alltags zu koordinieren, organisieren und alles miteinander zu verknüpfen. Daher auch das Multitasking beim Einkaufen und die Überlegungen, inwiefern für andere gleichzeitig Miterledigungen getroffen werden können. Gedanken während eines Blusenkaufes können dann sein, „wenn ich diese Bluse kaufe, dann kann ich auch gleich schauen, ob sie in der Größe meiner Freundin ebenfalls da ist und ihr die Bluse in ihrer Lieblingsfarbe mitbringen. Zudem ist um die Ecke auch der Supermarkt, da hole ich gleich frisches Gemüse für den Salat zum Grillen heute Abend. Außerdem muss ich vor 15:30 Uhr nochmal telefonieren und fragen, ob der Arzttermin für Thomas morgen passt und um spätestens 16:00 Uhr die Kleine bei Susanne abholen. Das heißt, ich habe jetzt noch eine halbe Stunde Zeit, das reicht also aus, um auch noch schnell in den Blumenladen zu springen und für

Mutti den Strauß abzuholen; danach den Wagen zu betanken, am besten an der neuen Tankstelle wegen der Kundenkarte, da gibt es ja momentan doppelte Bonuspunkte..."

Dieses verschachtelte Denken hat sich auch in der verbalen Sprache niedergeschlagen und drückt sich in vielen Nebensätze aus, die alles miteinander verbinden. Männer sind davon überfordert und erkennen weder eine Logik noch eine ordentliche Priorisierung dahinter. Deshalb kommen Rückmeldungen wie „also jetzt bitte mal eins nach dem anderen".

ALLE SOLLEN SICH WOHL FÜHLEN

Der zweite Grund, warum Frauen viele Nebensätze verwenden ist, dass sie damit harte Aussagen vermeiden bzw. entschärfen können. Zum einen umkreisen Frauen mit Hilfe der Nebensätze erst einmal den Gegenstand, um den anderen möglichst großen Spielraum für Interpretationen und Meinungen zu lassen und sie auf diese Weise mit ins Boot zu holen. Zum anderen werden in Nebensätzen die Hauptsätze und deren

Kernaussagen begründet, erklärt und gerechtfertigt. So wie zuvor bereits angesprochen machen Frauen dies wiederum, um die Harmonie in der Kommunikation in der Familie und der Gruppe herzustellen. In der asymmetrischen Sprachwelt hingegen liegt der Schwerpunkt auf Leistung, Gewinnen und Ziele erreichen. Das heißt nicht, dass Männer keinen Sinn für Harmonie und Empathie hätten, sondern vielmehr, dass die Prioritäten anders gesetzt sind.

Ein alltägliches Beispiel hierfür sind die allabendlich ausgestrahlten Actionfilme, deren Heldenszenen Männer mit größter Begeisterung folgen, während Frauen danebensitzen und mit der „sinnlosen" Handlung so gar nichts anfangen können.

BEISPIEL:

Eine Untersuchung, bei der Männern und Frauen Actionfilme gezeigt wurden, kam sogar zu folgendem Ergebnis:
Auf den Actionfilm reagierten Männer und Frauen völlig unterschiedlich. Selbst bei Männern, deren Testosteronspiegel schon vor dem Film relativ hoch gewesen war, stieg

die Menge des Hormons im Blut noch einmal um bis zu 30 Prozent an. Diese Männer fühlten sich in ihrem dominanten Verhalten bestätigt, während gleichzeitig ihr Bedürfnis nach Zärtlichkeit sank. Bei Frauen sanken die Testosteronwerte dagegen während der Filmsequenz ab. Teilnehmerinnen und Teilnehmer deren Naturell eher zurückhaltend war, fühlten sich nach der Sequenz insgesamt unbehaglich. Auffällig ist auch, dass in Actionfilmen oft mehr gehandelt als gesprochen wird. Die Sätze sind meist kurz, in brachialem Vokabular gehalten und mit Anweisungen versehen. Langes Abwägen und Differenzieren ist hier fehl am Platz und würde zu viel Zeit kosten.

Übrigens zeigte die gleiche Untersuchung, dass gemeinsames Schauen eines Liebesfilmes bei Männern und Frauen die Menge des eigentlich primär weiblichen Hormons Progesteron ansteigen ließ. Insgesamt erhöhte der Liebesfilm bei beiden den Kuschelfaktor. Liebesfilme tragen somit sogar zur Arterhaltung bei. Allerdings sind Männer wiederum abgetörnt, wenn der Liebesfilm keine logische Handlung hat, viel geredet wird und eine romantische Szene nach der anderen folgt.

Ein Film, dem es gelang, sowohl Männer als auch Frauen anzusprechen war Titanic. Filmkritiker waren im Nachhinein davon überrascht, dass über 60 Prozent der Zuschauer weiblich waren und mehr als die Hälfte davon unter 25 Jahre alt. Dies war insofern erstaunlich, da der Film zunächst dem Genre des Katastrophen- bzw. Actionfilms zugeordnet war, was ja wiederum eher Männer anspricht. Jedoch trug der Erzählcharakter mit der sich durchziehenden Liebesgeschichte dazu bei, dass es gleichzeitig ein Action- und ein Liebesfilm war. Titanic übertraf die Erwartungen und wurde zum Kassenschlager.

Die Harmoniehaltung ist allerdings nicht nur ein evolutionsbiologisches und somit weitgehend unbewusstes Programm. Auch die Erziehung spielt eine große und – mitunter sogar die größere – Rolle. Frauen, die Sätze gehört haben wie „Bescheidenheit ist eine Tugend", „lieber den Spatz in der Hand als die Taube auf dem Dach", „eine gute Frau muss immer helfen", tun sich schwerer, direkt, fordernd oder gar „burschikos" zu sein. So hing z.B. in der Küche meiner

Großmutter ein besticktes Geschirrtuch mit der Aufschrift: „Mein größtes Glück, meine größte Freud' ist eine stille Häuslichkeit". Wer mit solchen Aussagen aufwächst, tut sich später schwer, eine souveräne Führungskraft zu werden.

LANGE SÄTZE = LANGE LEITUNG?

Drittens denken Frauen oftmals sehr viel während des Sprechens, so dass sie dann in langen Schachtelsätzen formulieren, die mitunter langweilig rüberkommen. Hier ist gute Gesprächsvorbereitung das beste Mittel, um auch innerlich schlagfertiger zu sein. Der Spruch „In der Kürze liegt die Würze" kommt nicht von ungefähr. Da Frauen allgemein weniger Territorialverhalten aufweisen als Männer, kommt es übrigens auch immer wieder vor, dass wir uns „beeilen", um nicht zu viel Zeit zu beanspruchen oder zu lange im Fokus zu stehen. Vielleicht gelingt es uns dann, zwar in schön knackigen Formulierungen zu sprechen, aber wir setzen durch das Beeilen kaum einen Punkt. Bestimmt kennt jede von Ihnen Sprechende, die alles „runterrasseln". Leider kommt dies nur sehr selten wirklich kompetent rüber. Also: Eile mit Weile, spreche akzentuiert und setze öfter mal einen Punkt.

Begründen und Abwägen ist für Frauen eine wertvolle Eigenschaft. So ist es gerade in der Erziehung wichtig, den Kindern gegenüber Entscheidungen zu begründen und so deren Verständnis für gute Argumente zu fördern.

In Businessgesprächen unter Erwachsenen jedoch sollten Frauen - ebenso wie die Männer es tun - lange Begründungen vermeiden und auf ausschweifende Nebensätze verzichten.

Hier gilt eine wichtige Grundregel der Rhetorik:

GOLDENE REGEL NR. 3:

Nebensätze sind Nebelsätze. Fasse Dich kurz. Komm direkt zum Punkt. Begründe nur dann ausführlich, wenn noch Fragen offen sind.

4.

Das Schweigen der Männer

– EINE FORM DER NICHTANERKENNUNG ODER NUR BANALE WORTKARGHEIT?

EINEN BESONDERS GROSSEN UNTERSCHIED in der Sprachwelt der Frauen und der Männer stellt eine Sonderform der Kommunikation dar: das Schweigen. Männer sind oft wortkarg, sprechfaul und sitzen am Küchentisch oder im Büro, ohne ein Wort zu sagen. Das machen sie nicht, weil sie beleidigt sind oder uns mit ihrer Nichtbeachtung bewusst ignorieren, sondern einfach, weil sie ihre Ruhe haben, sich konzentrieren oder gerade nicht kommunizieren wollen. Sie lieben Phasen, in denen sie sich auf sich selbst zurückziehen und keinerlei Außenkontakt unterhalten müssen. Dies ist eine Art Gegenwelt und Ausgleich zu ihren aktiven – mitunter sogar hyperaktiven Phasen, in denen sie extrovertiert auf die Welt zugehen.

Auch gibt es eine evolutionsbiologische Erklärung, die bei Männern längere Phasen des Schweigens verständlich macht. So war es für Männer erfolgs- und überlebensnotwendig, auf der Jagd zielorientiert, wachsam und absolut unhörbar zu sein, um ihre Beute nicht zu verscheuchen. Umgekehrt war es wichtig, nicht von wilden Tieren oder Feinden wahrgenommen und selbst zur Beute zu werden.

Lange Phasen des Schweigens gehören somit zum evolutionsbiologischen Erbe der Männer.

LANGES SCHWEIGEN VERUNSICHERT

Frauen hingegen empfinden das Schweigen ihres Partners, Chefs, Kollegen gleichermaßen als besorgniserregend. Das kommt daher, dass sie selbst untereinander stets einen Kommunikationsfluss aufrechterhalten, in dem sie sich ihrer gegenseitigen Anerkennung und Freundschaft versichern. Die Sprachlosigkeit der Männer ist ihnen somit ein Rätsel und sogleich ein Grund zur Annahme, dass irgendetwas „nicht stimmt". Etwa, dass die gegenseitige Anerkennung zurückgegangen, beschädigt oder sogar nicht mehr vorhanden ist. Daher fragen Frauen oft ihre schweigenden Männer: „Ist irgendetwas?" oder „Was denkst Du gerade?" oder sogar: „Sag doch gleich, dass Du ein Problem mit mir hast?" Dies ist eines der verhängnisvollsten Missverständnisse, die es zwischen Männern und Frauen gibt. Dieses Missverständnis kann dazu führen, dass Frauen in ihrem Job, wenn sie über längere Zeit von ihren Chefs nichts hören oder nicht lobend anerkannt werden, dies als nicht vorhandene Wertschätzung einstufen. Es sammeln sich die Signale der Nichtbeachtung an, bis sich bei ihnen die Stimmung verdichtet und sie immer mehr glauben, dass sie nicht perfekt und dem Chef oder Kollegen gleichgültig sind. Während für Männer das Schweigen ein notwendiger und erholsamer Selbstrückzug ist, um sich zu konzentrieren, empfinden Frauen dies als eine versteckte Botschaft, in die sie ganze Welten der Nichtanerkennung hineininterpretieren.

Zwar lernen gerade Führungskräfte in eigens dafür vorgesehenen Seminaren, dass Lob und Zuspruch sowie eine konstante Wahrnehmung der Leistungen der Mitarbeiter das A & O für gute Kommunikation sind. Dennoch vergessen sie – insbesondere, wenn es sich um männliche Führungskräfte handelt – die große Bedeutung, diesbezüglich aufmerksam zu sein. Noch immer kursiert der dumpfe Spruch „nichts gesagt, ist genug gelobt". Schließlich bedeutet Schweigen in den Augen vieler Männer immer noch, dass alles funktioniert, „sonst würde man ja etwas sagen."

Erschwerend kommt hinzu, dass manche Führungskräfte von ihrer ganzen Persönlichkeit her sogenannte Schweiger sind. Lassen Sie sich also nicht davon beunruhigen, wenn Männer schweigen. Lassen Sie sich aber auch umgekehrt nicht davon abhalten, sie darauf anzusprechen. Sie lieben es zwar nicht, aber sie sind es seit ihrer Kindheit gewohnt von ihren Müttern und anderen Frauen aus ihrem Schweigen herausgerissen und angesprochen zu werden, ob alles in Ordnung sei.

DAS PLÖTZLICHE SCHWEIGEN

Wenn Männer wiederum im Laufe eines Gesprächs in stoisches Schweigen verfallen, hat das noch einen weiteren Grund – sie schalten ab. Von entscheidender Bedeutung sind hier die Faktoren Zeit und Stimme. Beispiel:

Immer wieder mache ich in meinen Rhetoriktrainings Erfahrungen wie die folgende: Wir simulierten eine Situation, in der die „Projektleiterin" dem „Abteilungsleiter" die neue Struktur der Abteilung im Vier-Augen-Gespräch vorstellte, was der Seminarteilnehmerin tatsächlich in der Firma so passiert war.

Bereits nach wenigen Minuten bekam dieser glasige Augen und nickte stoisch vor sich hin. Wir Außenstehenden merkten - er klinkt sich aus! Die „Projektleiterin" bemerkte dies ebenfalls. Als Reaktion wiederholte sie die gesagten Inhalte, und zwar auf die gleiche Art und Weise wie zuvor. Der „Abteilungsleiter" schaltete weiterhin auf Durchzug, zusätzlich kamen noch mehr Ungeduldssignale auf; was der übrigens ohnehin geringeren Aufmerksamkeitsspanne von Männern entspricht. Er wurde zappliger und die stärker abgewandte Mimik zeigte, dass er das Gespräch gerne beenden wollte.

Als wir das Rollenspiel analysierten, sagte die „Projektleiterin", dass sie den Sachverhalt vollumfänglich darstellen wollte. Von der Reaktion war sie frustriert und fühlte sich ignoriert. Der „Abteilungsleiter" wiederum meinte, er wusste gar nicht, worauf die Projektleiterin wirklich hinaus wollte. Zwei Dinge waren passiert. Das schnelle Sprechen und die aufgeregte hohe Stimme wirkten unsicher. Aufgrund der vielen Informationen – gesprochen ohne Punkt und Komma – konnte er zudem den Inhalten nicht folgen. Auf seine fakten- und lösungsorientierte Denkstruktur wirkte das Gesagte wie ein Irrgarten. Ziel und Nutzen waren nicht zu erkennen. Erst recht nicht, wofür eine Entscheidung - sprich ER - benötigt wurde. Das stresste ihn und er zog es vor, in den Abschaltmodus zu wechseln.

Gespräche, die ähnlich enden, kennen sicher viele – auch aus dem privaten Bereich. Viel Frust lässt sich vermeiden, wenn beide Denkwelten einander besser „lesen" können. Auch und gerade an dieser Stelle wieder mein Wunsch. Sollte der eine oder andere Mann dieses Buch lesen: Wenn Frauen sehr viel auf einmal erzählen, liegt es oft daran, dass sie es besonders richtig machen wollen. Sie tun dies nicht, um Sie zu ärgern und freuen sich über Zeichen der Wertschätzung.

WENIGER IST MEHR

Männer lassen sich gerne als Problemlöser und Helfer ansprechen. Achtung: Nicht als Problem. Das können Männer gar nicht leiden. Sie fühlen sich dann mütterlich belehrt und vom Sockel gestoßen.

Um helfen zu können, müssen Männer das Problem – also die Fakten – aber verstehen können und auch, wofür Sie IHN in diesem Zusammenhang brauchen.

Frauen neigen wiederum dazu, alles an Wissen und Abwägungen in Gesprächen in den Ring zu werfen. Allerdings ist aus der Psychologie bekannt, dass der Mensch ohnehin nur bis zu sieben Informationen gleichzeitig im Kurzzeitgedächtnis verarbeiten kann. Das ist auch der Grund, weshalb viel Inhalt mitunter sogar als unsicher und inkompetent rüberkommt. Der Rest wird nämlich gar nicht mehr aufgenommen. Somit können wir getrost den Perfektionismus herunterfahren und lieber Mut zur Lücke zeigen. Anstelle hoher Wort- und Informationsdichte dann lieber konzentriert und akzentuiert sprechen.

Als wir das Rollenspiel wiederholten, änderten wir im Vorfeld drei Parameter. Wir ließen weniger wichtige Sachverhalte komplett weg, definierten das konkrete Gesprächsziel und gaben damit dem Gespräch eine kurze, sachliche Einleitung. Schließlich betonte die „Projektleiterin" gleich am Anfang des Gesprächs, dass sie SEINE Expertise brauche. Das Gespräch lief für beide einwandfrei. Die Frau hatte mehr Zeit zum Luftholen und der Mann wusste, worum es geht.

GOLDENE REGEL NR. 4:

Interpretiere nicht gleich ganze Welten hinein, wenn Männer schweigen. Meistens denken sie an gar nichts oder wollen sich konzentrieren, denn es fehlt ihnen an Multitasking-Fähigkeiten.

5.

Frauen reden gerne über Gefühle

– Doch Vorsicht,
Männer sind da anders.

DEN MIT ABSTAND GRÖSSTEN Unterschied zwischen den Sprachwelten der Frauen und Männer gibt es im Bereich der Kommunikation von Gefühlen. Frauen reden gerne und offen darüber, wie es ihnen geht, was sie vermissen, was ihnen weh tut und was sie glücklich macht. Es gehört zu ihrem Leben, sich mit Freundinnen, Geschwistern und anderen Vertrauten auszutauschen und an deren Gefühlen und Problemen Anteil zu nehmen. Männer sind in dieser Hinsicht geradezu dramatisch anders.

Haben Männer eine Niederlage zu verkraften, reden sie ungern darüber. Sie ziehen sich lieber in ihre Höhle zurück und lecken ihre Wunden. Insbesondere bei Misserfolgen ist es schwierig, wenn Frauen mit Männern darüber reden wollen, Anteil nehmen und Mitleid zeigen. Wir Frauen meinen es zwar gut, wollen dem Mann eine Last von den Schultern nehmen und ihn aufbauen, doch genau das kann angesichts der grundverschiedenen Kommunikationswelten völlig schiefgehen. Männer können nämlich mit

Mitleid überhaupt nicht umgehen. Männer sind geborene Sieger und wollen, dass an sie geglaubt wird.

BEISPIEL:

Eine Freundin wollte ihren Chef trösten, als sein Arbeitsvertrag nicht verlängert wurde: „Sie tun mir wirklich leid, sagen Sie mir doch bitte, wenn ich irgendwie helfen kann." Diese Anteilnahme wirkte ganz und gar nicht aufbauend. Im Gegenteil: Er reagierte genervt und empfand dies als Beleidigung. Sie hatte ihn mit ihrer symmetrischen Sprachwelt quasi vom Thron gestoßen, anstatt ihn weiterhin als Leistungsträger zu bewundern.

MÄNNER ALS GEWINNER ANERKENNEN

Männer können generell mit zu viel Anteilnahme und Gefühlen nicht umgehen. Woran liegt das? Hierzu gibt es zwei Theorien:

Erstens besagt die evolutionsbiologische Erklärung, dass Männer fähig sein mussten, zu jagen, Kriege zu führen und zu töten. Empathie ist dabei eher kontraproduktiv. Eine Verdrängung

ESSEN IST. FERTIG...

KOMME SOFORT !!!!

des Mitgefühls gegenüber anderen Lebewesen ist schließlich die Voraussetzung, um töten zu können und ihr eigenes Überleben sowie das ihres Stammes sicher zu stellen. Auch gegenüber sich selbst war eine gewisse Härte notwendig. Die Lebensgefahr, der sich Männer bei der Jagd permanent aussetzen mussten, erforderte die Verdrängung eigener Ängste.

Zweitens erklärt sich die Tatsache, dass Männer weniger gut mit Gefühlen umgehen können, durch ihre Sozialisation als das „starke Geschlecht". Von Kindheit an hören sie Sätze wie „ein Indianer kennt keinen Schmerz" oder „Schmerz ist nur Schwäche, die den Körper verlässt". Gefühle zeigen oder gar traurig sein ist Sache der Mädchen, Jungs weinen nicht, Jungs verlieren auch nicht. Es tauchen höchstens zwischenzeitliche Hindernisse auf, die man beseitigt und an denen man sich bewähren muss.

Mitleid empfinden sie als Zeichen von Diffamierung oder, wie der Philosoph Nietzsche einmal gesagt hat, als „Zeichen von Verachtung".

Wer bemitleidet wird, hat aufgehört respektiert, bewundert oder gefürchtet zu werden. Er hat aufgehört, ein Problemlöser zu sein. Er ist selbst zum Problem geworden und das geht gar nicht! Männer befinden sich phylogenetisch eher in einer Art ständigem Kampfzustand. Hat ein Mann eine Niederlage erlitten, will er kein Mitleid, sondern eine Solidarisierung dergestalt, dass wir uns mit ihm verbünden und seine Feinde als Feinde betrachten. Nicht er, sondern seine Feinde werden auf lange Sicht die einzigen Verlierer sein. Sie bräuchten in unserem Beispiel des nichtverlängerten Arbeitsvertrages eher einen Zuspruch wie: „Die Typen haben echt keine Ahnung, das wird sich noch rächen."

Zur symmetrischen Kommunikationswelt gehört auch, dass Frauen in Gesprächen mehr Zustimmungssignale senden, bspw. häufiges Nicken, Blickkontakt und Äußerungen wie „ich bin bei Dir" oder Laute wie „oh" und „aha". Anders sieht es in der asymmetrischen Sprachwelt aus. Die gesamte Körpersprache ist reduzierter. Anstelle verbaler Zustimmungssignale kommt mitunter nichts. Der Blickkontakt ist monoton und Rückfragen oder Begeisterungsäußerungen bleiben aus. Frauen sind davon schnell verunsichert oder abgetörnt. Sie wissen nicht, ob das Gesagte überhaupt angekommen ist oder auf Gefallen stieß. Einige steigen dann sogar aus den Gesprächen aus. Aber Achtung: Hier sollten wir nicht generell aus der eigenen Sprachwelt auf die andere schließen. Es kann sein, dass er sich gerade auf den Inhalt konzentriert und das seine Aufmerksamkeit beansprucht.

Fazit: Männer reden nicht gerne über ihre Gefühle - mit einer einzigen großen Ausnahme: Sie haben eine Erkältung.

AUSNAHMESITUATION MÄNNERGRIPPE

Man könnte meinen, es gibt kein schlimmeres Schicksal als eine Männergrippe. Hier wollen sie jetzt tatsächlich bemitleidet werden und das nicht zu knapp. Grund dafür ist ein unbewusster Rückfall in das frühkindliche Stadium, in dem sich ihre Mutter noch aufopferungsvoll um ihren Buben gekümmert hat. Allerdings gibt es auch Studien, die besagen, dass eine Erkältung Männer tatsächlich im wahrsten Sinne des Wortes „aus der Bahn" wirft. Durch ihren Rückzug vermeiden sie gefährliche Auseinandersetzungen. Wenn erkältete Männer also den ganzen Tag auf der Couch liegen oder nur leise herumtigern, ist dies auch evolutionär geprägt – es dient dem Überleben.

Frauen hingegen reden permanent über Gefühlsthemen. Im Gegensatz zu den Männern hat Mitleid bei Frauen eine positive Funktion. Es erleichtert, tröstet und baut auf. Wir sind mit unseren Sorgen nicht mehr allein und fühlen uns aufgefangen.

GOLDENE REGEL NR. 5:
Männer sind anders. Sie wollen immer Bewunderung. Auf keinen Fall Mitleid – außer bei einer Männergrippe.

6.

Zwicken, zerren, seitwärts gehen

– BIN ICH NOCH IM KRABBENKORB
ODER WAGE ICH DEN SCHRITT NACH DRAUSSEN?

DIE KOMMUNIKATIONSWELTEN VON Männern und Frauen unterscheiden sich ganz wesentlich, wenn es um Anerkennung und Karriere geht.

Frauen sind sowohl in der Schule, im Studium aber vor allem in der Arbeitswelt für den sogenannten „Zickenkrieg" bekannt. Das geht sogar so weit, dass die Mehrheit der Frauen sagt, sie würden lieber mit Männern oder zumindest in gemischten Teams arbeiten als nur mit Frauen.

Auf Männer wirkt es oft befremdlich, wenn Frauen scheinbar gut miteinander auskommen, gute Arbeitsergebnisse liefern und sich dann doch bei Dritten übereinander beschweren. Männer betrachten dies als hinterlistig.

Frauen haben die Eigenschaft, sich untereinander zu beobachten und zu beurteilen. Sie arbeiten zwar sachlich gut zusammen, sind aber wenig tolerant gegen jede Form von scheinbar abweichendem Verhalten. Eine Kollegin, die im Meeting dadurch auffällt, dass sie sich selbst aktiv beteiligt und zu Wort meldet, wird oftmals hinterher im Pausengespräch von Kolleginnen darauf aufmerksam gemacht, dass es unüblich und unangemessen ist, sich so unbescheiden zu verhalten und in den Vordergrund zu spielen. Dies passiert insbesondere, wenn bei dem Termin ranghöhere Männer anwesend sind.

BEISPIEL:

Ich persönlich habe einmal als Management Assistentin die Erfahrung gemacht, dass mir von einer Kollegin nach einer Vorstandssitzung, in der eine gute Atmosphäre herrschte, gesagt wurde „mit dem Vorstand lacht man nicht". Tatsächlich hatte ich mir erlaubt, nach einem Witz zusammen mit den anderen Männern zu lachen. Meine Kollegin kritisierte dies wohl deshalb, weil sie selbst vom Typ her sehr ernst und perfektionistisch war. Niemals hätte sie sich selbst erlaubt, lustig oder unsachlich zu sein und sich auf dieser ungezwungenen Ebene an der Kommunikation zu beteiligen.

IMMER IM KÖRBCHEN BLEIBEN

Dieses gegenseitige Beobachten und die ständige Kontrolle darüber, dass ja keine von ihnen eine größere Bedeutung erlangt als die anderen, wird in der Wissenschaft „Krabbenkorbtheorie" genannt. Diese beschreibt im Tierreich die Situation von Krabben, die in einem Korb gefangen gehalten werden. Wenn nun eine Krabbe versucht, nach oben zu steigen und sogar den Rand des Korbes erreicht, wird sie von den anderen Krabben wieder heruntergezogen, da diese ebenfalls versuchen nach oben zu kommen und sich an ihr hochziehen. Das Ergebnis ist aber letztlich, dass keine der Krabben aus dem Korb herauskommt. Übertragen auf die Kommunikationswelt der Frauen besagt diese Theorie, dass Frauen es nur sehr schwer akzeptieren, wenn eine Kollegin in eine höhere Position aufsteigt oder gar ihre Chefin wird. Schon bei Kleinigkeiten, die eine Sonderrolle oder ein Privileg zur Folge haben, reagieren sie hochsensibel und tun alles dafür, die davoneilende Krabbe wieder herunterzuziehen.

BEISPIEL:

Als ich einmal zusammen mit Kolleginnen in einem Raum gearbeitet habe und als einzige Kundengespräche führen musste, hatte ich das Problem, dass meine Telefonate durch die allgemeine Lautstärke gestört wurden. Ich habe meinen Chef um Hilfe gebeten und er hat mir bereitwillig sein Einzelbüro für Telefonate zur Verfügung gestellt, da er selbst 80% der Zeit im Außendienst arbeitete. Mit dieser Lösung konnte ich meine Tätigkeit fortan sehr gut ausüben.

Ich musste allerdings feststellen, dass die Kolleginnen irgendwie verändert auf mich reagierten. Im Jahresbeurteilungsgespräch wurde mir dann vom Chef mitgeteilt, dass es bei den Kolleginnen gar nicht gut angekommen wäre, mir mit dem Einzelzimmer „die Rosinen herauszupicken".

Noch heftiger sind die Reaktionen der Frauen untereinander, wenn eine tatsächlich im Verdacht steht, Karriere zu machen oder eine Stufe nach oben zu steigen. Es wird als Verrat angesehen. Es kommen alle möglichen „gutgemeinten Empfehlungen" wie: „Ich würde mich an Deiner

Stelle niemals für diesen Job hergeben, schließlich halten wir doch zusammen."

Das Krabbenkorbphänomen entfaltet selbst dann noch seine Wirkung, wenn der Aufstieg schon erfolgt ist. Die neue Chefin wird mit größter Skepsis gesehen und negativ beurteilt, da sie „etwas Besseres" sein will. Ihre Leitungstätigkeit gilt als Verstoß gegen das Gleichheits- und Gerechtigkeitsprinzip der Gruppe.

Woher kommt dieses Krabbenkorb-Verhalten?

KOOPERATION ALS BEDINGUNG

Evolutionsbiologen haben festgestellt, dass es den Frauen in der Menschheitsgeschichte durch ihre regelmäßigen Schwangerschaften unmöglich war, mit auf die Jagd zu gehen. Ihnen fiel in Kooperation mit anderen Frauen die Pflege von Nachkommen, häuslicher Umgebung und Landwirtschaft zu.

Bereits der antike römische Geschichtsschreiber Tacitus beschreibt in seinem Buch „Germania" die Verhältnisse im damaligen Deutschland. Er berichtet von germanischen Stämmen, in denen Männer in den Krieg ziehen, während Frauen die Feldarbeit übernehmen. Es ist eine patriarchalische Gesellschaft, in der Frauen zwar hochgeschätzt, jedoch von öffentlichen Funktionen ausgeschlossen sind und außerhalb der häuslichen Umgebung kaum in Erscheinung treten.

Als typische Frauentätigkeiten beschreibt Tacitus die Kinderaufzucht, Keramik- und Textilherstellung sowie Wundbehandlung und Zuspruch für Versehrte. Kriegerinnen kommen in der Beschreibung von Tacitus nicht vor. Jedoch berichtet er wörtlich von einer anderen außergewöhnlichen Funktion der Frauen als Mutmacher: *„Es wird berichtet, daß manches schon zum Weichen gebrachte zurückflutende Heer von den Frauen dadurch zum Stehen gebracht worden ist, daß sie [die Zurückgehenden] inständig [um Schutz] baten, ihnen die entblößte Brust entgegenhielten und auf die unmittelbar drohende Gefangenschaft hinwiesen, die die Germanen viel leidenschaftlicher für ihre Frauen fürchten; (...). Ja, die Germanen meinen sogar, den Frauen sei eine gewisse Heiligkeit und seherische Gabe eigen, und so verschmähen sie weder ihren Rat, noch verachten sie den erteilten Bescheid."*

Über das Verhalten der Kriegshelden in Friedenszeiten schreibt Tacitus: *„Wenn sie [einmal] nicht in den Krieg ziehen, verbringen sie die Zeit zum kleineren Teile mit Jagden, zum größeren mit erholsamem Ausruhen. (...) es sind gerade die tapfersten und kriegerischsten Naturen, die völlig ausspannen. Die Sorge um Haus, Hof und Acker überlässt man den Frauen, alten Männern und überhaupt allen Schwachen auf dem Hofe; sie selbst leben in einem merkwürdigen Zwiespalt (...) dahin: es sind ja doch* *dieselben Menschen, die die Trägheit so lieben und die Ruhe des Friedens so hassen*" (Zitate aus: Tacitus, „Germania", S. 48, 49, 65)

Männer sind seit jeher gewohnt, in Hierarchien zu leben, zu kämpfen und zu arbeiten. Einer sagt, wo und wie das Wild aufgestöbert und zur Strecke gebracht wird und alle anderen halten sich an den Plan. Auch im Kriegsfall wurde von den Männern von jeher eine differenzierte Hierarchie akzeptiert. Männer haben kein Problem, beispielsweise als Generäle, Offiziere und Obergefreite eine gemeinsame, erfolgreiche und schlagkräftige Einheit zu bilden. Selbst im heutigen Männersport Fußball herrscht eine exakte Arbeitsteilung, eine klare Definition der Aufgaben in Sturm, Mittelfeld und Verteidigung. Die Strategien und Anweisungen von Trainer und Kapitän werden selbstverständlich für erfolgsnotwendig erachtet und ausgeführt.

RATTENRENNEN

Wenn es um eine neue hierarchische Positionsvergabe geht und zwei Männer um einen Chefposten konkurrieren, kommt es ebenfalls zu Wettbewerb, Lästerei und Durchsetzungskämpfen. Und doch greift hier nicht die Krabbenkorbtheorie. In der Phase der Auswahl des neuen Chefs herrscht eine Art Kriegszustand. Die Männer machen sich wichtig und kämpfen um ihre Position. Sobald diese aber vergeben ist, wird von einem Tag auf den anderen wie selbstverständlich in der neuen Hierarchie als Team zusammengearbeitet. Denn der neue Chef weiß, er hätte ebenso gut den Kürzeren ziehen können, wie auch alle anderen wissen, dass sie selbst fast Chef geworden wären. Oftmals arbeiten dann sogar die ehemaligen Konkurrenten gut zusammen. Denn jetzt zählt wieder der sachliche Nutzen.

BEISPIEL:

Mein Freund hat lange bei einem privaten Fernsehsender gearbeitet und sich um einen Redaktionsleiter-Job beworben. Es gab allerdings noch einen zweiten Bewerber. In der Auswahlphase mussten die beiden Männer immer abwechselnd mit dem gleichen Team an TV-Redakteuren eine Sendung gestalten. Nach einem halben Jahr wollte sich die Chefredaktion für den besseren Kandidaten entscheiden.

Als mein Freund zufällig in einer Kneipe ausgerechnet seinen Gegenspieler traf, kam es zu einem interessanten Gespräch. „Na", sagte der Konkurrent, „wir beide laufen jetzt wohl ein halbes Jahr lang ein Rattenrennen". „Ja", antwortete mein Freund, „und ich werde eine so fiese Ratte sein, wie Du es Dir noch nicht einmal in Deinen kühnsten Träumen vorstellen kannst." Beide lachten, tranken zusammen ein Bier und versprachen sich, wie auch immer das „Rattenrennen" ausgehe, hinterher gut zu behandeln.

Natürlich läuft auch bei Männern das Ganze nicht immer so sportlich ab wie in diesem Fall. Aber eines steht fest. Männer haben untereinander generell mit Hierarchie kein so großes Problem wie Frauen. Denn sie sind seit Jahrtausenden gewohnt, gemeinsam als „Mannschaft" andere Mannschaften zu besiegen, Ziele zu erreichen und Beute nach Hause zu bringen.

Und in ihrer Sprachwelt ist es eine Selbstverständlichkeit, dass sie Aufstiegsambitionen haben. Diese müssen nicht künstlich verborgen oder gar vorauseilend „entschuldigt" werden. Daher spricht die Wissenschaft hinsichtlich der männlichen Kommunikation auch von einer

Rang-Status-Sprachwelt, in der selbstverständlich alle den ersten Platz auf dem Siegertreppchen anstreben. Im Gegensatz dazu ist die weibliche Sprachwelt stark vom „Wir" geprägt bzw. von einem Gefühl, „das machen wir alle zusammen". Angesichts dieser Gleichrangigkeit gehört das zur Schau Tragen von individueller Qualität und von Aufstiegsambitionen nicht zum guten Ton.

ERZIEHUNG ZUR HILFLOSIGKEIT

Das Krabbenkorbphänomen bei Frauen hat natürlich nicht nur evolutionäre Gründe, sondern liegt auch an der patriarchalischen Erziehung und dem entsprechenden System. So hatten Frauen über viele Jahre hinweg weder Rechte noch Chancen, selbst interessante berufliche Perspektiven zu entwickeln und Verantwortung in Spitzenpositionen zu übernehmen. Man bedenke, dass zum Beispiel im Schweizer Kanton Appenzell Innerrhoden Frauen bis 1990 noch nicht einmal wählen durften.

Bei genauer Betrachtung steckt hinter dem

Krabbenkorbphänomen somit auch eine Hilflosigkeit. Lästern und andere nicht hochkommen lassen war mitunter die einzige Reaktionsmöglichkeit, die Frauen hatten, weil das offensive Konkurrieren nicht zugelassen, verpönt oder gar gefährlich war. Noch heute gilt eine Frau, die eine sehr direkte und unverblümte Art hat als resolut, als „Emanze", bei der man sich „warm" anziehen muss.

Die Gefälligkeitsprägungen sind an solchen Stellen noch immer sehr stark. Dennoch ist es jetzt an der Zeit, dass Frauen das Krabbenkorbphänomen hinter sich lassen. Wir sollten unsere Energie nicht dafür verschwenden, anderen Frauen beim Aufstieg Steine in den Weg zu legen, sondern diese lieber sinnvoll für die eigenen Aufstiegsambitionen einsetzen.

FREUDE AM LÄSTERN

Hilflosigkeit und das Verbergen eigener Aufstiegswünsche ist nicht der einzige Grund für das indirekte Krabbenkorbverhalten. Denn Lästern und auf „Fehlverhalten" aufmerksam machen verschafft dem Lästernden einen (scheinbaren) Hochstatus, während das Lästerobjekt irgendwie als inakzeptabel gilt.

Dazu gehört auch das Lästern über sehr attraktive Frauen mit Attributen wie „attraktiv und dumm", „diese Schuhe gehen gar nicht..." Bei genauem Hinschauen steckt dahinter Neid bis hin zu Sexualneid. Es lässt sich nicht verleugnen, dass die attraktive Kollegin auf dem Arbeitsmarkt, aber auch in der Gesellschaft bei Männern, zunächst einmal die besseren Chancen hat.

Auch hier ist es schade, wenn diese Frauen dann in eine Spirale geraten und ihr Können und Verhalten infrage stellen.

BEISPIEL:

Ich wurde einmal Zeugin eines Gesprächs von zwei jungen, gutaussehenden Frauen, die sich gerade in der Berufsausbildung befanden. Sie waren sehr traurig darüber, dass eine ihrer Kolleginnen sie nicht leiden konnte. Alles was sie lernten und im Unterricht einbrachten war falsch, nicht eine Verhaltensweise in Ordnung. Sie überlegten, wie sie sich noch optimaler benehmen und noch besser einbringen könnten. Es ging sogar so weit, dass sie ihre Nationalität infrage stellten, da sie ursprünglich nicht aus dem deutschsprachigen Kulturkreis kamen. Als Zuhörerin war mir ganz klar, dass die Mädchen es mit großer Eifersucht zu tun hatten. Sie waren überdurchschnittlich attraktiv und sehr patent. Damit ragten sie bereits ein Stück aus dem Krabbenkorb heraus. Jedoch hatten sie das in ihrer Selbstwahrnehmung überhaupt nicht in Betracht gezogen.

Wer versucht, aus dem Krabbenkorb auszubrechen, sollte nicht verwundert sein, wenn die genannten Mechanismen einsetzen.

Aber auch nicht, wenn Männer unsere Klagen darüber nicht nachvollziehen können. Denn problematisch ist, dass Krabbenkorb-Verhaltensweisen wenig greifbar rüberkommen, wenn wir rein emotional über sie sprechen. Vielleicht haben Sie schon einmal die Erfahrung gemacht, dass Sie mit Ihrem Chef darüber sprechen wollten und sich Hilfe erwarteten, dieser aber gar nichts damit anfangen konnte und antwortete „das müssen Sie schon selbst untereinander regeln" oder „Sie müssen eben mehr miteinander reden". Einige Chefs reagieren so, um sich vor unangenehmen Diskussionen und Entscheidungen zu drücken. Oder aber sie erkennen das Problem einfach nicht.

REDEN IST SILBER – KLARHEIT IST GOLD

Wenn der Krabbenkorb aktiv ist, schauen Sie zunächst einmal, ob Sie das eine oder andere Gerede geflissentlich ignorieren können und somit einfach keinen Raum dafür bieten. Denn jetzt wissen Sie, was dahintersteckt.

BEISPIEL:

Ich hatte eine elegant gekleidete und attraktive Kollegin, über die entsprechend gelästert wurde. Typischerweise ging es darum, welche Schuhe sie trug, welche Laune sie jetzt wohl habe etc. Als ich sie darauf ansprach, wie sie mit dem Gerede umgehe und ob das nicht schmerzhaft sei, antwortete sie: „Ich achte gar nicht darauf und bekomme es daher gar nicht so richtig mit." Ihr war wichtiger, die anstehenden Bürotätigkeiten zu erledigen, um in ihrer privaten Zeit für ihren Sohn da sein zu können.

Manche Krabben verlieren von selbst die Freude am Spiel, wenn es für ihre Sendungen keinen Abnehmer gibt. Wir Frauen sollten also den klaren Blick darauf haben, wieviel Energie wir in den Krabbenkorb investieren (wollen).

Falls der Krabbenkorb allerdings wirklich zu gemein wird und Sie Hilfe brauchen, beachten Sie auch hier die Mann-Frau Unterschiede. Formulieren Sie Ihren Hilferuf deutlich. Seien Sie aber auch bereit, die Verantwortung zu übernehmen, wenn Konsequenzen folgen. „Wasch mich, aber mach mich nicht nass" ist kein guter Ratgeber. Sofern Sie auf der Sachebene konstruktive Lösungsideen haben, scheuen Sie sich nicht, diese einzubringen. Das ist vor allem dann hilfreich, wenn Ihr Gegenüber nicht so viel Einblick in Ihren Alltag und Ihre inhaltlichen Themen hat.

Reduzieren Sie Emotionsspitzen. Im Zweifelsfall den allzeit nützlichen Tipp anwenden und „eine Nacht darüber schlafen", bevor Sie ihr Gespräch führen.

Wichtig ist, dass Sie einen klaren Kopf haben. Was am allerwenigsten funktioniert, ist allgemeines Nörgeln ohne Zielangabe. Ganz im Gegenteil, es kann sogar sein, dass das Nörgeln – welches für uns Frauen untereinander übrigens auch eine verbindende Trostfunktion hat – bei Männern als fieses Lästern ankommt. Ein großer Unterschied der Sprachwelten!

Abschließend mein Tipp an die Männer: Nörgeln – vor allem wiederholtes Nörgeln – kann ein Hilferuf sein. Es lohnt sich, nachzufragen, was wirklich los ist.

GOLDENE REGEL NR. 6:
Die hierarchische Kommunikationswelt der Männer ist oftmals borniert. Aber mal ehrlich – unser Krabbenkorb ist es nicht minder.
Befrei Dich und mach Dein Ding!

7.

Lachen, scherzen, Witze reissen

– Die Funktion des Humors in den Sprachwelten der Männer und Frauen

DER SIEBTE UND LETZTE GROSSE UNTERSCHIED zwischen den beiden Sprachwelten betrifft eine Eigenschaft, deren wichtige Funktion im Berufsleben oft unterschätzt wird: Humor.

Männer reißen sowohl im privaten als auch im beruflichen Bereich erheblich mehr Witze als Frauen. Natürlich gehören Witze und Humor auch zur Kommunikationswelt der Frauen. Allerdings haben sie in der Männerkommunikation eine ganz andere und weitaus größere Dimension. Der Witz ist nämlich keineswegs so banal und harmlos, wie man denkt. Er ist vielmehr ein Ausdrucksmittel im Rahmen der Hoch-Niedrigstatus-Kommunikation. Der Witzeerzähler hat im Moment seines Auftrittes den Hochstatus inne. Auf dreierlei Weise beherrscht er die Situation:

1. Alle Augen und Ohren sind auf ihn gerichtet.
2. Er verfügt als Einziger über ein Herrschaftswissen, indem er die Zuhörer in einen argumentativen Gedankengang hineinlockt, dessen pointierten Ausgang nur er kennt.

3. Inhaltlich erzeugt der Witzeerzähler für sich ebenfalls einen Hochstatus, indem er sich über andere Individuen oder Gruppen und deren Missgeschicke lustig macht.

SIND WITZE BANAL?

Von Frauen wird das Witze-Reißen der Männer häufig als oberflächlich und niveaulos empfunden. Die Tatsache, dass Männer auch und gerade in unangenehmen Situationen wie z.B. konfliktgeladenen Meetings plötzlich Witze erzählen, ist für Frauen oft befremdlich. So bin ich beispielsweise einmal mit einer Juristin ins Gespräch gekommen, die als Fachreferentin öfter an Vorstandssitzungen teilgenommen hatte. Sie erzählte mir, dass sie sehr überrascht darüber war, dass dort trotz ernster Themen immer wieder Witze gerissen wurden. Ich konnte aus ihren Ausführungen heraushören, dass sie dies als unangemessen und befremdlich empfand.

Dieses Witze-Erzählen mag tatsächlich auf den ersten Blick seltsam wirken. Allerdings verbirgt sich dahinter eine nicht zu unterschätzende Dimension der spezifisch männlichen Kommunikationswelt. Wenn sich Männer – was bei ihnen oft vorkommt – zu sehr in gegensätzliche Positionen verwickeln, zu streiten beginnen und sich in der Sache festfahren, erzählt plötzlich irgendeiner einen Witz und setzt damit einen „Break". Der Witz entschärft in diesem Fall die emotional aufgestaute Situation. Alle lachen, der Druck ist aus dem Kessel und es entsteht ein Freiraum, so dass neu gedacht werden kann. Der Witz hat somit eine entspannende und strukturierende Funktion.

Auch ist nicht zu unterschätzen, dass Männer den Witz sogar in Extremsituationen einsetzen, um unerträgliche Belastungen besser zu bewältigen. So werden beispielsweise in Berufen, die strukturell hohe emotionale Anforderungen mit sich bringen, mehr Witze gerissen als in anderen Bereichen. Feuerwehrleute, Sanitäter und Bestatter schaffen durch den Humor – bisweilen auch durch „schwarzen Humor" – emotionale Distanz und helfen sich damit über zu nahe gehende Erlebnisse hinweg. Ein Bestatter hat mir einmal erzählt, es gäbe keine humorvolleren Menschen als seine eigene Berufsgruppe. Da sie Tag für Tag mit der Tatsache der Endlichkeit umgehen müssen, leben und kultivieren sie eine philosophische und humoreske Leichtigkeit. Er selbst hat sogar seine Frau zwischen Särgen auf einer Bestattermesse kennengelernt.

Auch in existenziell bedrohlichen Situationen erzählen sich Männer gerne Entlastungswitze. So fragt zum Beispiel im Antikriegsfilm „Steiner das Eiserne Kreuz" ein Kamerad im Schützengraben den Unteroffizier Krüger: „Riechst Du eigentlich immer so?" Dieser antwortet: „Hört mal zu, Ihr Idioten. Ich weiß schon, warum ich dreckig bleibe. Wenn ihr schon so lange an der

Front wärt, wie ich es bin, wüsstet Ihr es. ... Der natürliche Körperschweiß, gemischt mit Dreck, macht wasserdicht und hält Dich warm."

Das Lachen über sich selbst und andere in bedrohlichen Situationen ist fester Bestandteil der Kommunikation in der Männerwelt. Hierzu sei ergänzend erwähnt, dass Männer nur ungern über einen längeren Zeitraum Spannungen ertragen wollen. Sie möchten daher eine entsprechend schnelle Auflösung der „geladenen" Situation. Insofern kann das Witze-Erzählen auch eine Durchhalteschwäche offenbaren. Sollten Sie also wieder einmal in einem Meeting Witze hören, über die Sie nicht lachen können, dann lachen Sie einfach darüber, dass Sie genau wissen, warum die Männer diese jetzt erzählen müssen.

WARUM FRAUEN NICHT GERNE WITZE REISSEN

Auch Frauen verfügen in ihrer Sprachwelt über den gezielten Einsatz von Witz und Humor zur Bewältigung von Stress und Anspannung. Allerdings setzen sie dies quantitativ erheblich seltener ein und gehen generell viel vorsichtiger mit

Witzen um. Sie finden es „nicht lustig", wenn andere Menschen oder Gruppen in Witzen vorgeführt, diskriminiert oder in Gender-Klischees dargestellt werden. Nicht zuletzt aus diesem Grunde können Frauen beispielsweise mit Blondinenwitzen wesentlich weniger anfangen als Männer.

Witzeerzählen gehört zweifellos zur Rang-Status-Sprache. Frauen sprechen lieber als Gleiche unter Gleichen. In der Soziolinguistik wird entsprechend von der symmetrischen Kommunikationswelt der Frauen gesprochen, während die männliche Sprachwelt als asymmetrisch bezeichnet wird.

Es ist klar, dass der Witz nicht in die symmetrische Sprachwelt der Frauen hineingehört. Auch aus diesem Grunde sind die meisten professionellen Witzeerzähler und Kabarettisten Männer.

Da Frauen gewohnt sind, Zusammenhänge detailgenau zu erklären sowie dabei die anderen „abzuholen" kann es sogar passieren, dass sie beim Witze-Erzählen eine zu große Ausführlichkeit wählen und dadurch die Pointe so gut vorbereiten, dass sie keine mehr ist.

Frauen bedienen sich also generell weit weniger des Witzes als Sonderform der Kommunikation. Das ist auch gut so. Allerdings ist es dann wichtig, alternative Formen der Entspannung von festgefahrenen Diskussionen und Gesprächen zu entwickeln. Frauen tendieren nicht selten dazu, in solchen Situationen durch noch größere Perfektion und gesteigerte Argumentation eine optimale Lösung und Übereinstimmung finden zu wollen.

HUMOR ZULASSEN

Wie also umgehen mit dem Thema Humor? Welche Rolle soll der Witz für uns Frauen spielen? Sollten wir selbst mehr Witze erzählen? Schwierig – denn wenn wir dies tun und einen Schenkelklopfer nach dem anderen reißen, gelten wir Frauen nun einmal schnell als burschikos. Bisweilen auch als naiv. Andererseits sollten wir auf keinen Fall unseren Humor ganz an den Nagel hängen und unsere Pfiffigkeit verleugnen.

Und, dass wir staubtrocken und mit bierernster Miene kommunizieren, verlangen weniger die Männer von uns, als dass wir es uns selbst abverlangen, in dem Glauben dann maximal perfekt zu sein und ernst genommen zu werden. Das Ergebnis kann aber für uns und für andere einfach nur abtörnend sein.

Schauen Sie also, wo Ihre natürlichen pfiffigen Seiten liegen, Ihr Augenzwinkern. Haben Sie Ihren Humor durch zu viel Perfektionismus und reduktionistische Selbstbotschaften vielleicht sogar in den Keller verbannt? Und – by the way – wer hat Ihnen die Selbstbotschaft, immer bierernst zu sein mit auf den Weg gegeben? Waren das entspannte und pfiffige Menschen oder vielleicht sogar solche, die selbst zum Lachen in den Keller gehen?

Geben Sie Ihrer pfiffigen Seite wieder Raum. Dazu noch eine kleine eigene Geschichte. Ich wurde einmal konzernintern von einem Vorstand abgeworben. Er tat dies, weil „die Frau Tintera so pfiffig und frech ist" und er mit solch einer Person gut arbeiten könne. Meine Erfahrung ist, dass ein selbstbewusstes, lebendiges und humorvolles Auftreten – solange es nicht aufgesetzt ist – oft besser ankommt, als wir meinen. Und wenn die einen oder anderen grundsätzlich nichts mit Witz und Humor anfangen können? So what? Es ist deren Problem, wenn sie zum Lachen in den Keller gehen müssen.

GOLDENE REGEL NR. 7:

„ok" – Männer erzählen wirklich viele und schlechte Witze. Aber Vorsicht: Schau hinter die Fassade, erkenne die Dialektik und befreie Deine Pfiffigkeit.

Epilog

Zu den hier genannten Mann-Frau Unterschieden wurde und wird viel geforscht. Das ist auch wichtig, da die Rollen von Frauen und Männern im gesellschaftlichen Prozess immer wieder Veränderungen erfahren.

So zeigen z.B. neue Studien eindeutig, dass in den jüngeren Generationen Männer viel selbstverständlicher Erziehungsurlaub nehmen, was vor wenigen Jahren noch „peinlich" gewesen wäre. Und auch, dass sich Männer und Frauen die Hausarbeit selbstverständlicher aufteilen sowie die Berufstätigkeit der Frau viel mehr Akzeptanz erfährt als dies in der Generation unserer Eltern und Großeltern noch der Fall war. Doch diese Annäherung im Leben von Männern und Frauen ist interessanterweise noch nicht auf das Sprechen und Denken umgeschlagen. Man sollte sich eines klar machen: Jahrtausendelang haben Männer und Frauen nicht so viel Zeit miteinander verbracht wie heutzutage. Die

Männer waren ja oft gar nicht Zuhause und haben eigene archaische Rituale und Sprachspiele entwickelt. Umgekehrt haben die Frauen untereinander ebenfalls eine eigene Interaktionskultur entwickelt.

Ein schönes Beispiel dafür, dass auch heute noch Frauen und Männer unterschiedliche Denkmuster haben, hat mir ein guter Freund erzählt. Er arbeitete als Headhunter und warb erfolgreiche Frauen und Männer von anderen Unternehmen ab. Ich fragte ihn, ob er dabei Unterschiede feststellte. Er antwortete: „Allerdings, die Frauen erkundigen sich zuerst nach dem Betriebsklima und der Art und Weise der Zusammenarbeit am neuen Arbeitsplatz. Bei Männern liegt die Priorität sofort auf den finanziellen Vorteilen." Daher bei aller Modernität: Ja, vieles hat sich angenähert. Aber Männer und Frauen sind deshalb noch lange nicht gleich oder denken gleich. Das macht aber nichts, wenn wir uns in beiden Sprachwelten bewegen können:

Goldene Regel Nr. 1:

Wenn Du etwas zu sagen hast, dann sorge dafür, dass Dir die anderen zuhören:

Sprich konkret in Aussagesätzen und vermeide Konjunktive. Lass die Aussage wirken ohne erklärende Rechtfertigungen.

Goldene Regel Nr. 2:

Achte auf Deine Körpersprache – halte Dich aufrecht und gönne Dir Raum. Verteidige Deinen Redeanteil und unterbrich auch mal die Unterbrecher.

Goldene Regel Nr. 3:

Nebensätze sind Nebelsätze. Fasse Dich kurz. Komm direkt zum Punkt. Begründe nur dann ausführlich, wenn noch Fragen offen sind.

Goldene Regel Nr. 4:

Interpretiere nicht gleich ganze Welten hinein, wenn Männer schweigen. Meistens denken sie an gar nichts oder wollen sich konzentrieren, denn es fehlt ihnen an Multitasking-Fähigkeiten.

Goldene Regel Nr. 5:

Männer sind anders. Sie wollen immer Bewunderung. Auf keinen Fall Mitleid – außer bei einer Männergrippe.

Goldene Regel Nr. 6:

Die hierarchische Kommunikationswelt der Männer ist oftmals borniert. Aber mal ehrlich – unser Krabbenkorb ist es nicht minder.
Befrei Dich und mach Dein Ding!

Goldene Regel Nr. 7:

„ok" – Männer erzählen wirklich viele und schlechte Witze. Aber Vorsicht: Schau hinter die Fassade, erkenne die Dialektik und befreie Deine Pfiffigkeit.

JETZT NOCH WAS ZUR ANWENDUNG:

Sie sind jetzt im Besitz der 7 Goldenen Regeln. Doch Vorsicht: Beim Anwenden der Regeln haben wir mitunter dasselbe Problem wie beim Zusammenschrauben eines Baumarkt-Regals. In der Gebrauchsanleitung ist zwar alles genau beschrieben, aber in der Praxis ist es dann doch immer irgendwie anders. Bleiben Sie ruhig und haben Sie Geduld. Irgendwann steht das Regal!

Jede Frau hat im Privat- und Arbeitsleben natürlich ganz eigene Themen und spezifische Herausforderungen. Was aber die Goldenen Regeln bieten können, ist ein Schlaglicht darauf zu werfen, wie Männer ticken. Und – wenn wir ehrlich sind – auch darauf, wie wir selbst ticken. Das zu verstehen ist das Handwerkszeug, mit dem wir unsere Ziele erreichen!

Literaturtipps:

Baron-Cohen, Simon: The Essential Difference – Men, Women and the Extreme Male Brain. London 2004

Birkenbihl, Vera F: Männer – Frauen. Mehr als der sogenannte kleine Unterschied. DVD 2008

Bundesministerium für Familie, Senioren, Frauen und Jugend: Männerperspektiven. Auf dem Weg zu mehr Gleichstellung. Berlin 2016

Jaffé, Diane, Saskia Riedel: Werbung für Adam und Eva. Zielgruppengerechte Ansprache durch Gender Marketing Communication. Weinheim 2011

Keuthen, Monika: Achtung: Kollegin. Wie Frauen mit weiblicher Konkurrenz souveräner umgehen können. München 2004

Modler, Peter: Das Arroganzprinzip. So haben Frauen mehr Erfolg im Beruf. Frankfurt am Main, 2013

Tacitus, Publius Cornelius: Germania. Übertragen und erläutert von Arno Mauersberger. München, 2020

Tannen, Deborah: Du kannst mich einfach nicht verstehen. Warum Männer und Frauen aneinander vorbeireden. München, 2004

Die Autorin

Melanie Tintera, M.A. ist Vortragsrednerin und Autorin. Sie studierte Soziologie, Psychologie, Politikwissenschaften und war über zehn Jahre bei Banken und Topunternehmen der Finanzbranche tätig, unter anderem im Bereich Marketing & Client Relationship. Aus langjähriger beruflicher Praxis weiß sie, wie stark die Macht zwischenmenschlicher Kommunikation über Erfolg und Misserfolg entscheidet.
Sie ist Expertin für Rhetorik und Gesprächsführung und Mitglied der German Speakers Association.

URHEBERRECHT

Alle Rechte, insbesondere das Recht auf Vervielfältigung und Verbreitung sowie der Übersetzung vorbehalten. Kein Teil dieses Werkes darf ohne schriftliche Genehmigung der Autorin in irgendeiner Form (durch Fotokopie, Mikrofilm oder ein anderes Verfahren) reproduziert werden oder unter Verwendung elektronischer Systeme gespeichert, verarbeitet, vervielfältigt oder verbreitet werden.

HAFTUNGSAUSSCHLUSS

Die Ratschläge in diesem Buch wurden von der Autorin sorgfältig erwogen und überprüft, dennoch kann eine Garantie nicht übernommen werden. Eine Haftung der Autorin für Personen-, Sach- und Vermögensschäden ist ausgeschlossen.